Einsatz von Methoden und Instrumenten im (Software-) Projektmanagement einer Ratingagentur

Joerg F. Walbaum

Bibliografische Information der Deutschen Nationalbibliothek:

Die Deutsche Nationalbibliothek verzeichnet diese Publikation in der Deutschen Nationalbibliografie; detaillierte bibliografische Daten sind im Internet über http://dnb.d-nb.de abrufbar.

ISBN: 9783346807717
Dieses Buch ist auch als E-Book erhältlich.

Druck und Bindung: Books on Demand GmbH, Norderstedt Germany
Gedruckt auf säurefreiem Papier aus verantwortungsvollen Quellen

Das vorliegende Werk wurde sorgfältig erarbeitet. Dennoch übernehmen Autoren und Verlag für die Richtigkeit von Angaben, Hinweisen, Links und Ratschlägen sowie eventuelle Druckfehler keine Haftung.

Das Buch bei GRIN: https://www.grin.com/document/1320670

Objektorientierte Softwareentwicklung

Einsatz von Methoden und Instrumenten im Projektmanagement

Assignment im Modul SWE 24

AKAD University

eingereicht von:
Jörg Walbaum
Studiengang: Data Science -Bachelor of Science (B.Sc.)

Hamburg, den 11.01.2023

Inhaltsverzeichnis

Abkürzungsverzeichnis

Abb.	Abbildung
bzw.	beziehungsweise
MTA	Meilenstein-Trendanalyse
PM	Projektmanagement
PMO	Project Management Office
PSP	Projektstrukturplan
vgl.	vergleiche
z.B.	zum Beispiel

Abbildungsverzeichnis

1   Einleitung

1.1   Problemstellung und Relevanz dieser Arbeit

Die Digitalisierung schreitet in allen Bereichen voran und Software durchdringt zunehmend die Arbeitswelt und das gesellschaftliche Leben. Rationelle Arbeitsprozesse sind ohne Softwareunterstützung kaum noch vorstellbar. In zahlreichen Unternehmen finden daher aktuell im Zuge des digitalen Transformationsprozesses eine Vielzahl von Projekten statt, darunter auch Implementierungen neuer Cloud- und Softwarelösungen. Häufig wird die Komplexität der Realisierung eines Softwareentwicklungsprojektes unterschätzt und die Quote des Scheiterns ist sehr hoch. Mit Kenntnis der Zusammenhänge und entsprechenden Methoden können Projektrisiken begrenzt und der Erfolg eines Softwareprojektes maßgeblich beeinflusst werden.[1]

1.2   Ziel und Aufbau dieser Arbeit

Das Ziel dieser Arbeit ist es, die wesentlichen Fragen in einem Softwareentwicklungsprojektes mit Hilfe relevanter Instrumente, Methoden und Aufgaben des personellen und funktionellen Projektmanagements zu erläutern, um das Realisierungsrisiko zu begrenzen. Hierbei stehen sowohl Auftraggeber als auch Auftragnehmer zur Realisierung der Projektaufgabe in der Pflicht. Ein professionelles Projektcontrolling sorgt für die notwendige Transparenz und Steuerung der Budget-, Ressourcen- und Terminplanung. Daneben können im gesamten Projektzyklus der jeweilige Erfüllungsgrad von Normen, Auflagen und Anforderungen kontrolliert und gegebenenfalls Maßnahmen eingeleitet werden.

Das Assignment gliedert sich in vier Kapitel. Anknüpfend an die Einleitung im ersten Kapitel, erfolgt die Erarbeitung der theoretischen Grundlagen im zweiten Teil dieser Arbeit. In diesem werden wichtige Begrifflichkeiten und die Merkmale der Softwareentwicklung und des Projektmanagements definiert. Das dritte Kapitel bildet den Schwerpunkt dieser Arbeit und beantwortet die wesentlichen erfolgskritischen Fragen im Softwareentwicklungsprojekt für eine Ratingagentur, mit Darstellung der genutzten Instrumente und Methoden aus der Praxis. Der Schlussteil gibt eine kurze Zusammenfassung sowie eine kritische Reflexion der eigenen Vorgehensweise wieder.

---

[1] vgl. Klemmer (2014), S. 1f

2 Theoretische Grundlagen

In diesem Kapitel wird ein einheitliches Verständnis für den Begriff Softwareentwicklung sowie dem Projektmanagement geschaffen. Zudem werden die Aufgaben des personellen und funktionellen Projektmanagements kurz skizziert.

2.1 Softwareentwicklung

Der Begriff Softwareentwicklung ist in der Fachliteratur nicht eindeutig definiert. Der Begriff setzt sich aus den zwei Wörtern „Software" und „Entwicklung" zusammen. Aus Sicht der Informatik ist Software als Prozeduren und Regeln in Form eines Computerprogrammes definiert, welche Computer befähigen, bestimmte Aufgaben zu erledigen. Die Software umfasst dabei die zum Betrieb notwendigen Daten und die dazugehörige Dokumentation. Als synonyme Begriffe werden häufig auch „Software-System" oder „Softwareprodukt" verwendet.[2] Software ist unabhängig von Hardware und macht Computer programmierbar. Im Folgenden wird der Begriff Softwareentwicklung als Entwicklung von Software gesehen, welche den ganzen Prozess beschreibt, von der ersten Idee bis zur Entwicklung des fertigen Systems.[3]

2.2 Projektmanagement

Das Projektmanagement umfasst die Führungsaufgaben,- organisation, -techniken und -mittel zur erfolgreichen Abwicklung eines Projektes. Als Managementaufgabe wird das Projektmanagement in Projektdefinition, Projektdurchführung und Projektabschluss gegliedert, mit dem Ziel, dass Projekte richtig geplant und gesteuert werden, um Projektrealisierungsrisiken zu begrenzen. Zudem sollen definierte Projektziele qualitativ, termingerecht und innerhalb des Budgets erreicht werden.[4]

2.2.1 Personelles Projektmanagement

Das personelle Projektmanagement hat die Aufgabe, die Fragen zur Organisation und zu den Personalressourcen zu klären, bzw. die geeigneten Mitarbeiter für ein Projekt auszuwählen und zu führen.

Mit der Auswahl wird festgelegt, welche Eignung erforderlich ist bzw. welche Typen von Personen im Projekt zukünftig Entscheidungen treffen. Die Projektarbeit ist stärker als die

---

[2] vgl. Schneider (2006), S. 58
[3] vgl. Brandt-Pook/Kollmeier (2020), S. 1f
[4] vgl. Gabler Wirtschaftslexikon (2022)

reguläre Organisation mit typischen Restriktionen der Personalführung verbunden. So fehlt es häufig an direkten disziplinarischen Möglichkeiten, an zeitlichen Ressourcen einer tiefergehenden Abstimmung sowie der genauen Abklärung von Leistungserwartungen und wechselseitiger Interessen. Eine weitere Herausforderung stellt die begrenzte Möglichkeit der Honorierung besonderer Leistungen dar. Der Erfolg eines Projekts steht und fällt mit der konstanten Verfügbarkeit geeigneter, eingewiesener und umsetzungsstarker Mitarbeiter. Das gleiche gilt für die Projektleitung, welche einiges an Motivation und Koordination im Blick behalten muss.[5] Typische Projektbeteiligte im klassischen Projektmanagement sind der Auftraggeber (z.B. Unternehmensleitung) sowie ein Lenkungsausschuss (Steering Comittee), als fachliche Erweiterung des Auftraggebers. Das Projektteam, in welchem häufig auch Spezialisten miteingebunden sind, werden von einem Projektleiter geführt. Der Projektleiter hat die ungeteilte Verantwortung für die Planung, Koordination und Steuerung des Projektprozesses bis zur Übergabe des Projektergebnisses.[6]

2.2.2 Funktionelles Projektmanagement

Das funktionelle Projektmanagement gliedert sich in drei Hauptaufgaben:
- Projektplanung
- Projektüberwachung- und kontrolle
- Projektsteuerung und -koordination

Die Projektplanung als wesentliches Element kann nicht isoliert betrachtet werden. Sie geht einher mit den Überwachungs- und Kontrollelementen sowie den Steuerungs- und Koordinationselementen. Bis zum Abschluss des Projektes werden alle drei Elemente in wiederkehrender Abfolge mehrfach verrichtet und zirkuliert.[7]

Der sog. Regelkreis des funktionellen Projektmanagements in Abbildung 1 beschreibt diesen in sich geschlossenen Projektabwicklungszyklus.

---

[5] vgl. Schütz/Lehmkuhl/Röbken/Witte (2022), S. 115-145
[6] vgl. von Känel (2020), S. 119-121
[7] vgl. Wieczorrek/Mertens (2011), S. 133

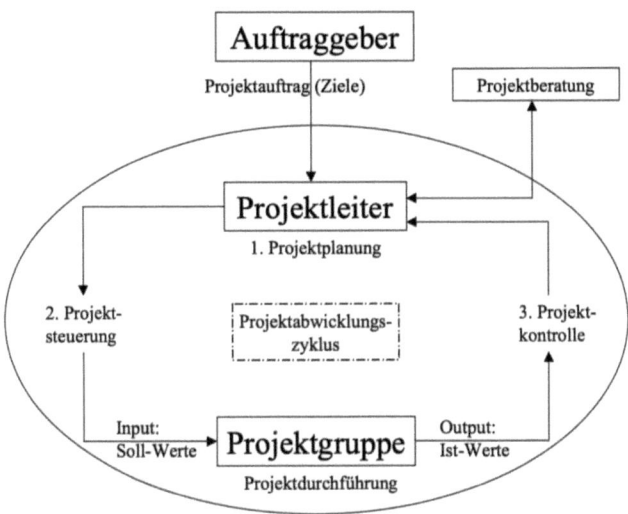

Abbildung 1: Regelkreis des funktionellen Projektmanagements[8]

Ausgangspunkt ist der Projektauftrag, welcher Eckwerte eines Projektes in der Regel schriftlich festlegt. Die Zusammenstellung der wichtigsten Rahmendaten, auch Project Charter genannt, wird vom Projektleiter erstellt und der Auftraggeber (Sponsor) genehmigt diesen. Dadurch delegiert der Auftraggeber die Planung und die Durchführung des Projektes an den Projektleiter, welcher gegebenenfalls durch die Projektberatung des Unternehmens unterstützt wird. Der Project Charter gibt in der Regel auch die Antworten auf die relevanten W-Fragen, welche in Kapitel 3 näher betrachtet werden.[9] Durch eine zielführende Projektplanung und Implementierung geeigneter Maßnahmen und Methoden, stellt der Projektleiter sicher, dass die gesetzten Projektziele erfüllt werden. Dabei werden regelmäßig die definierten Soll-Werte mit den erreichten Ist-Werten abgeglichen und bei Bedarf die (Ursprungs-) Projektplanung angepasst. Je früher Änderungen an der ursprünglichen Projektplanung vorgenommen werden, umso früher können bei Abweichungen erfolgsversprechende Maßnahmen eingeleitet werden. Kann der ursprüngliche Projektplan dennoch nicht umgesetzt werden und gewährleistet auch die Überarbeitung nicht die Erreichung der Projektziele in finanzieller, zeitlicher Form oder hinsichtlich des Projektergebnisses, müssen umgehend die Entscheidungsgremien informiert werden. Sämtliche Planungsresultate sollten grundsätzlich in schriftlicher Form dokumentiert werden und für die betroffenen Projektbeteiligten stets transparent sein. Die

---

[8] vgl. Bruno (2001), S. 198
[9] vgl. Kusay-Merkle (2021), S. 81

schriftliche Planungsdokumentation ist die Grundlage für eine zielführende Kommunikation innerhalb des Projektes.[10]

---

[10] vgl. Wieczorrek/Mertens (2011), S. 134-136

3 Fragen in einem Softwareentwicklungsprojekt

In diesem Kapital erfolgt die Erläuterung der wesentlichen Fragen in einem Softwareentwick-lungsprojekt, die sich einer Ratingagentur stellen, wenn sie im Rahmen der Umsetzung ihrer Digitalisierungsstrategie und digitalen Transformation des Geschäftsmodells den Ratingpro-zess mit einer Softwarelösung automatisieren wollen.

3.1 Was ist zu machen?

Nachdem die Definitionsphase abgeschlossen ist und die Bewilligung des Projektauftrages durch den Vorstand inklusive der Projektziele- und -organisation sowie der ersten Projektpla-nung erfolgte, wird ein Projektstrukturplan (PSP) entwickelt.[11] Projekte zu strukturieren be-deutet Techniken der Modellbildung anzuwenden und Informationen auf das Wichtigste zu reduzieren. Ein PSP beschreibt die hierarchische Ordnungsbeziehungen im Sinne der Gliede-rung und Zusammenhänge zwischen Arbeitspaketen, also die Zerlegung der Projektaufgabe in einzelne Arbeitspakete.[12] Jedes PSP-Element substanziert mindestens eine Anforderung (Pro-dukt- oder Projektanforderung, Randbedingungen usw.) oder bearbeitet sie (plant, analysiert, spezifiziert, implementiert, testet etc.). Entsprechend spiegelt der PSP jederzeit den Projekt-umfang vollständig wider. Der PSP bildet dabei nicht nur das ab, was final geliefert werden soll, sondern auch die einzelnen Schritte bis zum Ziel. Die Strukturierung des PSP kann pha-senorientiert, fachgebietsorientiert, objektorientiert oder funktionsorientiert erfolgen. Auch können mehrere Kriterien in einem PSP angewendet werden, jedoch sollten auf derselben Ebene keine unterschiedlichen Kriterien vermengt werden. Es muss gewährleistet sein, dass jederzeit eindeutig erkennbar ist, welche Anforderung in welchem PSP-Element (z.B. Teil-projekt, Arbeitspaket, Vorgang) realisiert wird und welches PSP-Element für welche Anfor-derung verantwortlich ist. Auf der Ebene der Arbeitspakete kann dann die Kostenschätzung, die Ablauf- und Terminplanung durchgeführt und der Projektfortschritt anforderungsbasiert im Rahmen des Projektcontrollings verfolgt werden.[13]

---

[11] vgl. Wieczorrek/Mertens (2011), S. 134-136
[12] vgl. Broy/Kuhrmann (2021), S. 51
[13] vgl. Herrmann/Knauss/Weißbach (2013), S. 53ff

Abbildung 2 zeigt exemplarisch einen phasenorientierten PSP in einem Softwareprojekt.

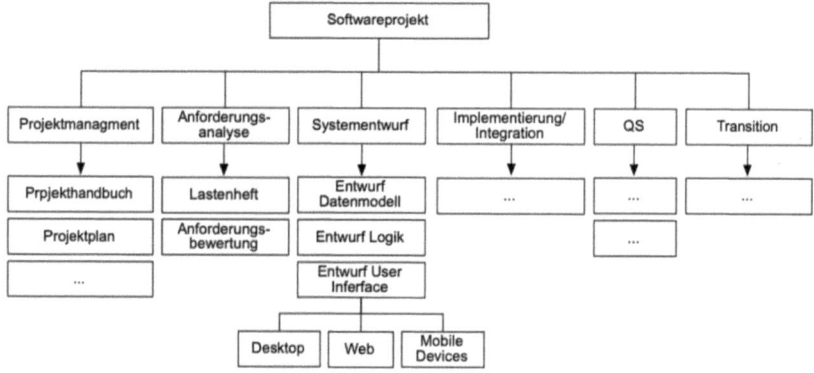

Abbildung 2: Projektstrukturplan anhand der Projektphasen[14]

3.2 Wer macht was und wer arbeitet mit wem?

Die Gesamtheit der Rollen in einem Projekt hinsichtlich eines strukturierten und standardi-sierten Ablaufs während der Projektlaufzeit wird in der Terminologie der Vorgehensmodelle als Rollenmodell bezeichnet. Ein Rollenmodell fasst alle an einem Projekt beteiligten Stake-holder zusammen und stellt insbesondere das Projekt selbst, aber auch die Schnittstellen des Projekts zu weiteren Organisationseinheiten dar. Bei der Rollenbesetzung ist prinzipiell die Art des Projekts zu berücksichtigen, entsprechend können sich Rollenprofile hinsichtlich der Kompetenz oder des Aufgabenbereichs unterscheiden. In großen Projekten wird das Projekt-team in der Regel weiter unterstrukturiert, sodass Teams mit eigenständigen Aufgaben und Führungsstrukturen (z.b. Teilprojektleiter) entstehen.[15] Das macht auch bei der Umsetzung des Projektes in der Ratingagentur Sinn, denn Ratingprozesse sind sehr vielschichtig und Mit-arbeiter sowie Experten aus den verschiedenen Fachdisziplinen (z.B. Analyse, Legal & Com-pliance) müssen Arbeitspakete zugeordnet werden. Die Gliederung der Rollen erfolgt hierar-chisch. Der Projektleiter ist verantwortlich für das Erreichen der vorgegebenen Projektziele und muss hinsichtlich Zeit, Kosten, Ressourcen und Qualität Rechenschaft ablegen. Der Qua-litätsmanager ist zuständig für den Aufbau von Kultur, Prozessen, Standards, Tools und orga-nisatorischen Elementen, welche die Prozessqualität sicherstellen. Der Lenkungsausschuss übernimmt hauptsächlich Aufgaben wie das Controlling sowie Entscheidungen im Zuge der Projektsteuerung, Abstimmung und Entscheidungsfindung außerhalb des

---

[14] vgl. Broy/Kuhrmann (2013), S. 51
[15] vgl. Broy/Kuhrmann (2013), S. 42-46

Entscheidungsspielraums der Projektleitung.[16] Für Aktivitäten unterhalb der Arbeitspakete empfiehlt sich der Einsatz von To-Do-Listen. Hier werden für eine Person, eine Gruppe von Personen oder für alle Projektbeteiligten die auszuführenden Aufgaben und der Zieltermin in Form einer Liste oder Tabelle zusammengefasst.[17] Abbildung 3 demonstriert im Rahmen der Entscheidungsfindung exemplarisch, wer was macht und wer mit wem arbeitet.

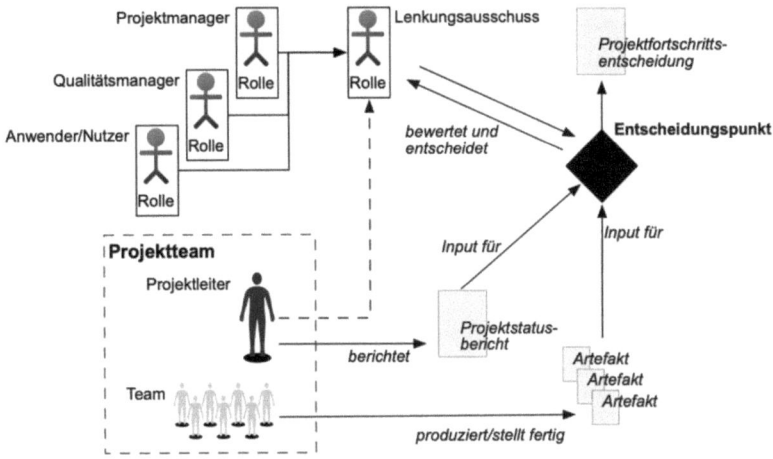

Abbildung 3: Zusammenarbeit am Entscheidungspunkt[18]

Aufgrund der Komplexität des Digitalisierungsprojektes in einer Ratingagentur, das sich aus vielen Teilprojekten zusammensetzt, ist ein einzelner Projektleiter mit der Vielfalt der Aufgaben schnell überlastet und benötigt entsprechende Unterstützung. Hier bietet sich die Implementierung eines Project Management Offices (PMO) an. Ein PMO ist ein wesentliches Instrument zur Koordination von Einzelprojekten, wie beispielhaft die Entwicklung einer Softwarelösung. Zudem kann es, neben der Entlastung des Projektteams, ebenfalls zu einer besseren Kommunikationskultur im Projektportfolio der Ratingagentur beitragen und helfen, Projekte besser mit der jeweiligen Unternehmensstrategie in Einklang zu bringen. Als zentraler Dienstleister kann ein PMO unterstützen das Toolset und die Infrastruktur zu verbessern und insgesamt, im Rahmen ihrer Koordinationsaufgabe, die Effizienz einer erfolgreichen Projektabwicklung und des Wissenstransfers zu erhöhen.[19]

---

[16] vgl. Broy/Kuhrmann (2013), S. 46ff
[17] vgl. Jakoby (2019), S. 138f
[18] vgl. Broy/Kuhrmann (2013), S. 49
[19] vgl. Ortner/Stur (2019), S. 7ff

8

3.3 Wann ist was fertig?

Aus dem Projektstrukturplan werden die Terminpläne abgeleitet. Mit der Terminplanung erfolgt die Anordnung der identifizierten Arbeitspakete in zeitlicher Reihenfolge zu einem realistischen Projektablauf. Die Projektleitung stimmt sich hierbei mit den Arbeitspaketverantwortlichen aus der Fachabteilung oder gegebenenfalls einem externen Dienstleister ab und legt in einer Zeitleiste für jedes Arbeitspaket den Start- und Endtermin fest. [20]

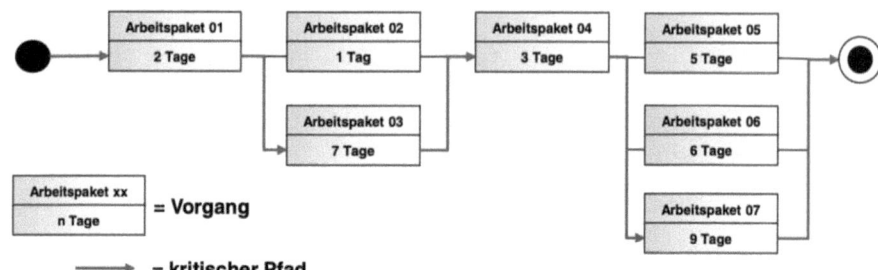

Abbildung 4: Zeitliche Anordnung von Arbeitspaketen[21]

Die zeitliche Anordnung ist abhängig von der Dauer/ Umfang der Arbeitspakete, den Pufferzeiten, den Ressourcen und der Kostenplanung. Die Kontrolle erfolgt über die Festlegung von Meilensteinen, als wesentliches Mittel des Projektfortschrittes, und der Qualität. Die Erfassung kann bei der Ratingagentur in einem Meilensteinplan erfolgen, welcher in dem Projektstrukturplan integriert wird.

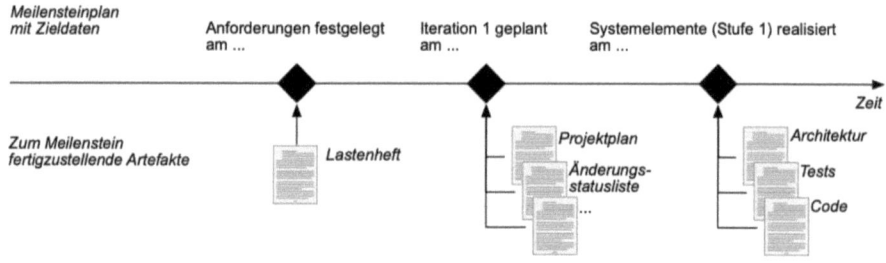

Abbildung 5: Meilensteinplan mit zugeordneten Terminen[22]

Die Anzahl der Meilensteine werden passend zur Projektgröße und Projektlänge definiert. Jeder Meilenstein durchläuft die Schritte Planen, Durchführen, Review und Abschluss. Neben

---

[20] vgl. Alam/Gühl (2020), S. 95ff
[21] vgl. Alam/Gühl (2020), S. 95
[22] vgl. Broy/Kuhrmann (2013), S. 225

der Meilensteinplanung kommen als Planungstechniken häufig auch Balkendiagramme oder Netzplantechniken mit Vorwärts- oder Rückwärtsrechnung zum Einsatz.[23]

3.4 Wie viele Ressourcen müssen wofür zur Verfügung stehen?

Das Ressourcenmanagement ist ein wichtiger Erfolgsfaktor für ein Projekte, daher muss der Ressourceneinsatz effizient gesteuert werden.[24] Der Ressourcenplan ist Teil des Projektplans und dokumentiert, welche Personal- und Sachmittel für die Bewältigung des Projektes benötigt werden. Ziel der Ressourcen- und Kostenplanung (vgl. Checkliste Anlage 1) ist die Kalkulation der Gesamtprojektkosten.

Die Sachmittel umfassen bei einem Projekt in einer Ratingagentur z.B. Kosten für geeignete Räume, IT-Infrastruktur, Büroausstattung und Tools. Die Personalmittel setzen sich aus den Kosten für den Projektleiter und den im Projekt mitarbeitenden Personen zusammen. Sonstige Kosten können z.b. in Form von Reisekosten oder externen Beratungskosten entstehen. In der Praxis laufen Kostenabschätzungen auf Basis der definierten Arbeitspakete. Hierfür gibt jedes Arbeitspaket entsprechende Planzahlen ab. Typischerweise ist das eingesetzte (Fach-) Personal die wichtigste Ressource in Projekten. Folglich ist die Personalplanung für die Ratingagentur der umfangreichste Teil der Ressourcenplanung. Hier bietet sich an zunächst den Personalbedarf und die zur Verfügung stehenden Kapazitäten zu ermitteln und abzugleichen.[25] Der Projektleiter nimmt die Ressourceneinsatzplanung, zusammen mit den jeweiligen Führungskräften der Ratingagentur bzw. einem zugeordneten Ressourcen-Abstimmungsverantwortlichen, wahr. Abbildung 6 zeigt exemplarisch einen Ressourceneinsatzplan für ein Projekt, gegliedert nach Personen, Zeit und Tätigkeiten, welche mit Großbuchstaben klassifiziert sind.

---

[23] vgl. Broy/Kuhrmann (2013), S. 224f
[24] vgl. Ortner/Stur (2019), S. 48f
[25] vgl. Alam/Gühl (2020), S. 97-101

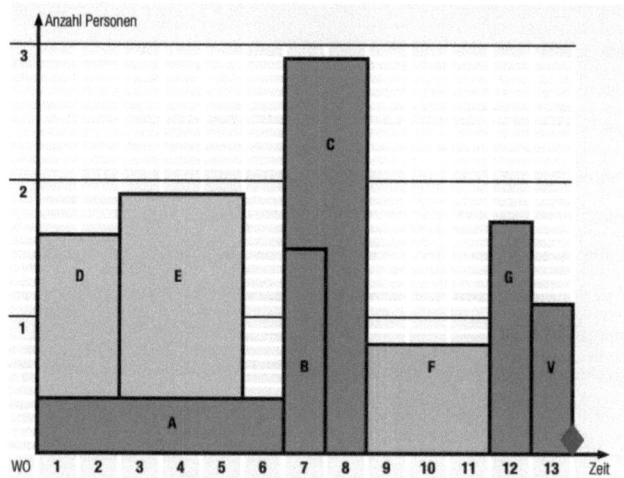

Abbildung 6: Ressourceneinsatzplan eines Projektes[26]

3.5 Wie viel kostet was?

Die Kostenplanung erfasst alle im Projekt eingesetzten Mittel, welche einen Kostenaufwand oder direkte Geldausgaben (vgl. Kapitel 3.4) verursachen. Der zeitliche Anfall der Kosten hängt vom Einsatz der Ressource ab. Dies kann gleichmäßig verteilt durch Verrechnung mit entsprechendem Kostensatz erfolgen oder am Anfang der Tätigkeit, z.B. als Vorinvestition, bzw. am Ende der Tätigkeit, durch Fakturierung einer Leistung oder Anschaffung nach Auslieferung (z.B. Anschaffung neuer Server).[27]

Nr.	Tätigkeit	Dauer Tage	FTE	Aufwand Tage	Tagessatz €/Tag	Externe Kosten €	Interne Kosten €
3	Tätigkeit A	30	0.50	15	1'200		18'000
4	Tätigkeit B	5	1.40	7	1'500		10'500
5	Tätigkeit D	10	1.00	10	1'200		12'000
6	Tätigkeit E	15	1.40	21	1'500		31'500
	Investition					95'000	
7	Tätigkeit C	10	1.50	15	1'200		18'000
8	Tätigkeit F	15	0.80	12	1'833	22'000	
9	Tätigkeit G	5	1.60	8	1'500		12'000
10	Vorbereitung MS	5	1.00	5	1'800		9'000
11	MS-Entscheid	0					
					Subtotal	117'000	111'000
	FTE = Full Time Equivalent				**Projektkosten Total**		**228'000**

Abbildung 7: Kostenplanung[28]

---

[26] vgl. Kuster/Bachmann/Huber/Hubmann/Lippmann/Schneider/Schneider/Witschi/Wüst (2019), S. 185
[27] vgl. Kuster/Bachmann/Huber/Hubmann/Lippmann/Schneider/Schneider/Witschi/Wüst (2019), S. 187f
[28] vgl. Kuster/Bachmann/Huber/Hubmann/Lippmann/Schneider/Schneider/Witschi/Wüst (2019), S. 207f

3.6 Wer hält welches Budget und welche Termine nicht ein?

Die Meilenstein-Trendanalyse (MTA) zeigt auf, welche zeitliche Entwicklung und welcher Terminverzug sich im Projekt abzeichnet. Dies erfolgt anhand der definierten Meilensteintermine. Die Termine werden regelmäßig auf ihre Erreichbarkeit überprüft und in ein Koordinatensystem übertragen. Für jeden Meilenstein ergibt sich eine Prognosekurve, welche horizontal verläuft, wenn es keine Abweichungen gibt, Aus der Entwicklung der Kurve kann eine Prognose für den zukünftigen Verlauf abgeleitet werden. Aus der Kombination aus Rückblick auf erreichte Ergebnisse sowie Ausblick auf noch zu erbringende Leistungen, können unter Kostengesichtspunkten die Budget- und die Termintreue im Rahmen des Projektcontrollings analysiert werden. Des Weiteren kann ein (Kosten-) Benchmarking zwischen verschiedenen Projekten erfolgen.[29]

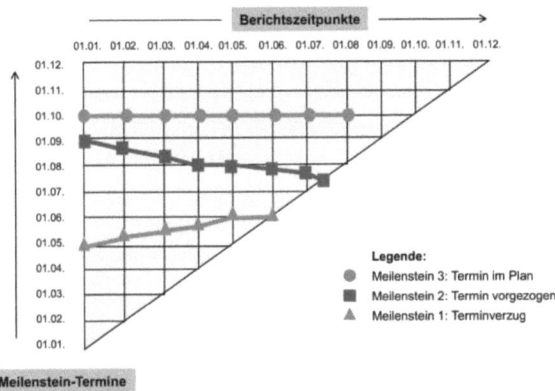

Abbildung 8: Meilenstein-Trendanalyse[30]

3.7 Was wurde erreicht, was wurde nicht erreicht? Was ist zusätzlich zu tun?

Das Projekt ist regelmäßig auf die Termin- und Kostenkontrolle zu überprüfen. Aufgrund der hohen Komplexität und Kosten, die sich für ein Softwareprojekt für eine Ratingagentur ergeben, muss der Projektfortschritt laufend überwacht und Soll-/ Ist-Vergleiche angewendet werden.

Neben einer Balkenplan- oder Arbeitspaketkontrolle bietet sich für eine Ratingagentur insbesondere eine Earned-Value-Analyse an. Die Earned-Value-Analyse dient zur Fortschrittsbewertung von Projekten.

---

[29] vgl. Kuster/Bachmann/Huber/Hubmann/Lippmann/Schneider/Schneider/Witschi/Wüst (2019), S. 207
[30] vgl. business-wissen.de (2022)

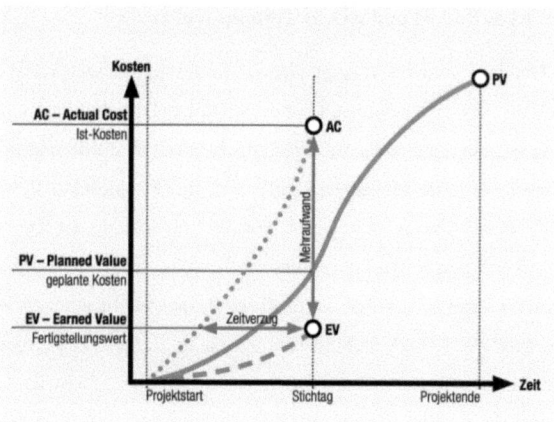

Abbildung 9: Earned-Value-Analyse (Fertigstellungswert-Analyse)[31]

Berechnungsgrundlage ist der geplante Aufwand, der Ist-Aufwand und der Fertigstellungswert. Der Fertigstellungswert (Earned Value) ist die zentrale Kennzahl. Aus der Analyse kann
der Zeit- bzw. Terminverzug sowie der Mehraufwand (vgl. Abb. 9) abgeleitet werden.[32]

3.8 Welche Normen, Auflagen und Anforderungen wurden wie erfüllt?

Eine Ratingagentur unterliegt umfangreicher regulatorischer Vorgaben und muss eine Vielzahl von Auflagen erfüllen. Diese müssen auch bei der Digitalisierung des Ratingprozesses
Berücksichtigung finden. Aufgrund der Größe und Komplexität des Softwareentwicklungsprojektes und benötigter Einbindung externer Partner ist ein Lastenheft ein probates Hilfsmit-
tel zur klaren Kommunikation und guten Verständlichkeit der Anforderungen. Es ist die Basis
des Projektes und dient am Ende als Grundlage für die Abnahme. Im Lastenheft werden alle
relevanten Normen, Auflagen und Anforderungen beschrieben, die zu erfüllen sind. Das
Pflichtenheft beschreibt das „wie". Das bedeutet, dass die Realisierung der Projektanforderun-
gen im Pflichtenheft fest vereinbart und in die Projektplanung, einschließlich Termin- und
Ressourcenpläne, integriert werden. Änderungen müssen schriftlich erfolgen. Zur Messung
des Erfüllungsgrades bzw. Überprüfung, ob sämtliche Normen, Auflagen und Anforderungen
eingehalten wurden, bieten sich Instrumente, wie Checklisten oder Methoden, wie regelmä-
ßige Soll/- Ist-Abgleiche, an.[33]

---

[31] vgl. Kuster/Bachmann/Huber/Hubmann/Lippmann/Schneider/Schneider/Witschi/Wüst (2019), S. 207
[32] vgl. Kuster/Bachmann/Huber/Hubmann/Lippmann/Schneider/Schneider/Witschi/Wüst (2019), S. 207
[33] vgl. Alam/Gühl (2020), S. 79-82

4   Fazit

4.1   Zusammenfassung

Im Rahmen der Umsetzung der Digitalisierungsstrategie finden aktuell in zahlreichen Unternehmen eine Vielzahl von Softwareentwicklungsprojekten statt. Die Softwareentwicklung beinhaltet den gesamten Prozess, von der ersten Idee, bis zur Entwicklung des fertigen Systems. Das Projektmanagement (PM) umfasst die Führungsaufgaben, -organisation, -techniken und -mittel zur erfolgreichen Abwicklung eines Projektes. Während sich das personelle PM mit den Fragen zur Organisation und dem zielgerichteten Einsatz von Personalressourcen beschäftigt, beinhaltet das funktionelle PM primär die Projektplanung, die Projektüberwachung- und kontrolle sowie die Projektsteuerung und -koordination. Für Fragen, die sich im Rahmen der Umsetzung eines Softwareentwicklungsprojektes für eine Ratingagentur stellen, gibt es verschiedene Instrumente und Methoden aus der Praxis. Diese können unterstützen und zum Projekterfolg beitragen. Die Frage, was zu machen ist, kann beispielsweise durch einen Projektstrukturplan beantwortet werden. Bei der Beantwortung der personellen Fragen kann ein Rollenmodell genutzt werden oder die Implementierung eines Project Management Office sinnvoll sein. Meilensteinpläne und -trendanalysen dokumentieren den jeweiligen Projektfortschritt und die zukünftige Entwicklung. Ressourcen- und Kostenpläne geben einen Überblick, welche Personal- und Sachmittel für die Bewältigung des Projekts auf Seiten der Ratingagentur benötigt werden. Als zentrale Kennzahl kann der Fertigstellungswert genutzt werden, um Zeit- bzw. Terminverzug sowie Mehraufwand zu analysieren. Ein Lastenheft ist die Basis des Projektes und dient am Ende als Grundlage für die Abnahme und Dokumentation, dass alle Normen, Auflagen und Anforderungen erfüllt wurden.

4.2   Kritische Reflexion der eigenen Vorgehensweise

Für die Problemstellung in diesem Assignment wurden exemplarisch die Phasen anhand der Beantwortung vorgegebener Fragen thematisiert. Dies erfolgte überwiegend auf Literaturrecherche und Skizzierung klassischer Methoden. Agile Methoden des PM, wie z.B. Scrum, blieben unberücksichtigt. Daher konnte insgesamt nur ein grober Überblick gegeben werden. Das Führen von Interviews mit Experten aus dem (Software-) Projektmanagement wäre ebenfalls eine Bereicherung für diese Arbeit gewesen, hätte aber den vorgegebenen Umfang dieser Arbeit übertroffen.

Literaturverzeichnis

Alam, D./ Gühl, U. (2020)

Projektmanagement für die Praxis: Ein Leitfaden und Werkzeugkasten für erfolgreiche Projekte. 2. Auflage. Springer Vieweg. Wiesbaden.

Brandt-Pook, H./ Kollmeier R. (2020)

Softwareentwicklung kompakt und verständlich – Wie Softwaresysteme entstehen. 3. Auflage. Springer Vieweg. Wiesbaden.

Broy, M./ Kuhrmann, M. (2021)

Einführung in die Softwaretechnik. Springer Vieweg. Wiesbaden.

Bruno, J. (2001)

Projektmanagement in der Wirtschaftsinformatik. Vdf Hochschulverlag AG. 5. Auflage. Zürich.

Business-Wissen (Internetquelle)

https://www.business-wissen.de/produkt/2865/meilensteintrendanalyse-im-projektmanagement-visualisierung/ (abgerufen 23.12.2022).

Gabler Wirtschaftslexikon (Internetquelle)

https://wirtschaftslexikon.gabler.de/definition/projektmanagement-pm-46130#head1 (abgerufen 18.12.2022)

Herrmann, A./ Knauss, E./ Weißbach, R. (2013)

Requirements Engineering und Projektmanagement. Springer Verlag. Berlin, Heidelberg.

Jakoby, W. (2019)

Projektmanagement für Ingenieure: Ein praxisnahes Lehrbuch für den systematischen Projekterfolg. 4. Auflage. Springer Vieweg. Wiesbaden.

Känel von, S. (2020)

Projekte und Projektmanagement. Springer Gabler Wiesbaden.

Klemmer, W. (2014)

Softwareprojekte erfolgreich managen: Grundlagen, Methoden und Praxishilfen für Auftraggeber. Springer Gabler. Springer Fachmedien. Wiesbaden.

Kusay-Merkle, U. (2021)

Agiles Projektmanagement im Berufsalltag: Für mittlere und kleine Projekte. 2. Auflage. Springer Gabler. Wiesbaden.

Kuster, J./ Bachmann, C./ Huber, E./ Hubmann, M./ Lippmann, R./ Schneider, E./ Schneider, P./ Witschi, U./ Wüst, R. (2019)

Handbuch Projektmanagement: Agil – Klassisch – Hybrid. Springer Gabler. Berlin, Heidelberg.

Ortner, G./ Stur, B. (2015)

Das Projektmanagement-Office: Einführung und Nutzen. Springer Verlag. Berlin, Heidelberg

Schneider, S. (2006)

Auslegung der International Financial Reporting Standards am Bilanzierungsobjekt Softwareentwicklung. Deutscher Universitätsverlag Wiesbaden. Springer Fachmedien.

Schütz, M./ Lehmkuhl, P./ Röbken, H./ Witte, E. (2022)

Projektmanagment: Eine Einführung aus sozial- und organisationswissenschaftlicher Sicht. Springer Gabler. Wiesbaden.

Wieczorrek, Hans W./ Mertens P. (2011)

Management von IT-Projekten: Von der Planung bis zur Realisierung. 4. Auflage. Springer Verlag. Berlin, Heidelberg.

Anhang

Anlage 1

Checkliste Ressourcen- und Kostenplan

Frage	Ergebnis
1. Gibt es als Grundlage für den Ressourcen- und Kostenplan einen Projektstrukturplan (PSP)?	
2. Für welchen Zeitraum gilt die Ressourcen- und Kostenplanung?	
3. Ist klar, wann Soll-Ist-Vergleiche und wann Aktualisierungen geplant sind?	
4. Aufwände in den Arbeitspaketen	
a. Ist notwendige Kommunikation für Treffen und Workshops berücksichtigt?	
b. Ist Qualifizierungs- und Einarbeitungsbedarf, z. B. für Hospitanzen geplant?	
c. Ist auch berücksichtigt, dass ein Projektmitglied ggf. neue Mitarbeiter im Projekt einarbeitet?	
d. Wurden Qualitätsmaßnahmen wie Schulungen, Aufbereitung bzw. Überarbeitung eigener Arbeitsergebnisse, Reviewaktivitäten und Lessons Learned beachtet?	
5. Aufwandsabschätzungen	
a. Sind die Aufwände von den betroffenen Projektmitgliedern geschätzt worden?	
b. Gibt es Expertenschätzungen, z. B. aus einem systematischen Schätz-Workshop?	
c. Gibt es Erfahrungen aus ähnlichen Projekten, die genutzt werden können?	
d. Werden Aufwandsschätzverfahren wie zum Beispiel COCOMO eingesetzt?	
6. Personalplanung	
a. Gibt es einen Personalbeschaffungsplan (für externes oder internes Personal)?	
b. Haben Führungskräfte der Freistellung der im Projekt ggf. nur teilweise benötigten Personen zugestimmt?	
c. Gibt es einen Plan, wann welche Projektmitglieder für welchen Zeitraum im Projekt eingesetzt werden?	
d. Ist die Kapazitätsauslastung gut verteilt?	
e. Ist sichergestellt, dass langfristig die Auslastung pro Person etwa 80 % beträgt und wenn, dann nur kurzfristig 100 % übersteigt?	
f. Gibt es Reserven für Personalausfälle?	
g. Wurde die Belastung durch andere Projekte und Linienarbeit berücksichtigt?	
7. Gibt es eine Raumplanung, gibt es genügend Arbeitsplätze, Besprechungsräume, Rechner, Büromaterial; sind Vorlaufzeiten zu beachten?	
8. Gibt es für alle benötigten Ressourcen Zusagen?	
9. Gibt es Reserven für Risiken?	
10. Ist die Kostenplanung innerhalb des Projekts konsistent (Summe der Kosten der Arbeitspakete zu Gesamtprojektkosten, Abgleich der Kostenarten, Konten)?	

Abbildung 10: Checkliste Ressourcen- und Kostenplan [34]

---

[34] vgl. Alam/ Gühl (2020), S. 119